INHALTSVERZEICHNIS

AF546426

• DIE ZEICHENPOSITION UND DURCHFÜHRUNG VERÄNDERN – MAL GANZ ANDERS ZEICHNEN

• MUT ZUR ABSTRAKTION – ABSTRAKTION ALS WEG ZUM KÜNSTLERISCHEN AUSDRUCK

• HILFEN UND (TRICK-)METHODEN ZUR FÖRDERUNG DES GENAUEN ZEICHNENS

VORWORT

Am Anfang des Zeichenlernprozesses steht die simple Freude, eine Spur auf einem Blatt Papier zu hinterlassen.

Warum zeichnen die meisten Menschen zwar als Kinder, nicht aber als Erwachsene? Mit zunehmendem Alter steigt der Wunsch nach einer erkennbaren, zieldefinierten Darstellung des Gezeichneten. Sind die Anfänge des Zeichnens noch mit vielen Erfolgserlebnissen und dadurch auch Experimentierfreude der Kinder verknüpft, wagen sich die Kinder im weiteren Verlauf immer seltener an zeichnerische Herausforderungen. Zu stark ist die Fokussierung auf ein „perfektes“ Endergebnis und zu groß die Angst, dieses nicht zu erreichen. Früher oder später erreicht fast jeder Zeichner* einen Punkt, an dem der Frust über die Diskrepanz zwischen dem eigenen Darstellungswunsch und dem tatsächlichen Ergebnis so groß wird, dass der Wunsch zu zeichnen und zu malen nachlässt. Mit dem Glaubenssatz „Ich kann nicht zeichnen!“ bricht an dieser Stelle häufig der Zeichenprozess ab.

Die Aufgabe der begleitenden Eltern, Erzieher und Lehrer besteht darin, den Kindern ein Hilfsnetz aus Motivation, Inspiration, Techniken und Erfolgschancen zu geben, das die Kinder auffängt, bevor sie ihre Freude am Zeichnen und Malen verlieren.

Die vorliegende Zeichenkartei ist für einen offenen und frei gestalteten Zeichenunterricht / -lernprozess gestaltet, der diese Elemente vereint. Die zum Teil unkonventionellen Zeichenideen helfen, die simple Lust am Hinterlassen einer Spur wiederzuentdecken (wenn zum Beispiel der Wind den Stift bewegt und nicht die eigene Hand). Sie lösen sich von zu starker Ergebnisorientierung und motivischem Perfektionismus und orientieren sich hin zu einer erfolggekrönten Prozessorientierung. Die Methoden unterstützen die Schüler auf dem Weg zu der Erkenntnis, dass Experimentierfreude und Zufall oft überraschende Ergebnisse für uns bereithalten. Und nicht zuletzt bedient sich die Kartei auch erprobter und bekannter (Trick-)Techniken, die große und kleine Zeichenlerner unterstützen, ihren Traum von der eigenen Darstellung wirklich umsetzen zu können.

Die Aufgabe des Kunstunterrichts besteht darin, die Fähigkeit zu zeichnen anzubahnen und dadurch auch übergreifende Kompetenzen für die eigenen Ausdrucksmöglichkeiten, Kenntnisse der Bildsprache, Wahrnehmung und nicht zuletzt die Feinmotorik zu fördern. Auf Unterrichtsebene bietet die Kartei die Möglichkeit für lehrplanorientierten, modernen Kunstunterricht. Sie ist sowohl als zeitliche als auch als leistungsbezogene Differenzierung einsetzbar. Die Sammlung bietet Lehrkräften die Option, eigene Unterrichtsstunden zu jedem beliebigen Thema durchzuführen oder Kinder selbstständig daran arbeiten zu lassen – zum Beispiel als Werkstatt, Hausaufgabe, Kunstwochenplan oder im Distanzunterricht.

Das Ziel ist es nicht, so zu zeichnen, wie andere es tun – das Ziel ist die Findung des eigenen Möglichen, der eigenen Ästhetik und vor allen Dingen der Freude am kreativen Schaffen. Entdecken Sie Ihre Lust und Freude am Zeichnen und geben Sie diese weiter an Ihre Schüler.

Mein Dank geht an Frau Angelika Rausch, meine Grundschullehrerin, die mir die Freude am Lernen vermittelt und mir gezeigt hat, wie wichtig es ist, nie mit dem Lernen aufzuhören.

Lydia Wilczek

***Anmerkung:** Aus Gründen der besseren Lesbarkeit wird im Folgenden auf eine sprachliche Differenzierung der weiblichen und männlichen Bezeichnung verzichtet. Wir haben uns für die neutrale Form entschieden, durch die selbstverständlich alle Menschen in ihrer Diversität angesprochen sind.

EINLEITUNG

› Warum Zeichnen?

In dem Moment, wenn der Stift auf das Blatt trifft und eine Spur hinterlässt, beginnt das Zeichnen. Im Alltag finden wir viele Arten zu zeichnen – das funktionale Zeichnen eines Architekten oder Ingenieurs, das mathematische Zeichnen in der Geometrie, das kreative Visualisieren einer Idee im Bereich Design, das flüchtige Skizzieren einer Idee für ein Bauvorhaben, das Kritzeln und Zeichnen eines Kindes und natürlich das künstlerische Zeichnen, das seine ersten dokumentierten Anfänge in den Höhlenzeichnungen unserer Vorfahren findet und über die Jahrtausende Ausprägungen verschiedenster Formen gefunden hat.
Das Zeichnen erweitert unsere menschlichen Ausdrucks- und Kommunikationsmöglichkeiten. Neben Sprache, Mimik und Gestik bietet der künstlerische Ausdruck facettenreiche Möglichkeiten, sich mitzuteilen. Diese Fähigkeit sollte bei Kindern gefördert und zu deren Nutzung sollten Kinder motiviert werden.

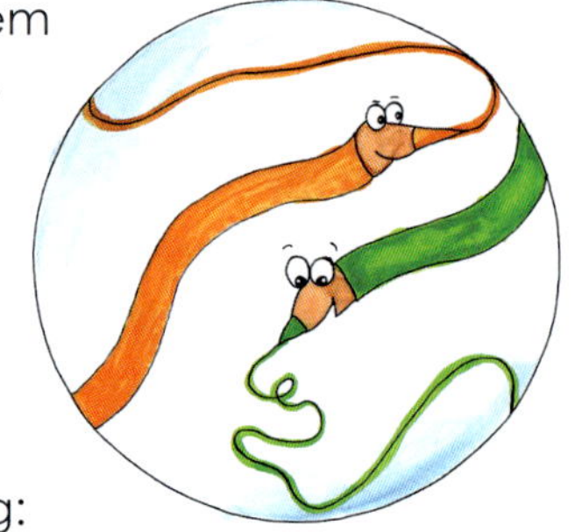

„Können Sie zeichnen?" Auf diese Frage antworten die meisten Menschen mit einem *Nein*. Der Definition zufolge ist die Zeichnung eine Spur, die durch ein Zeichenwerkzeug auf einem Untergrund hinterlassen wird. Streng genommen **können** wir folglich zeichnen – was also macht unser Verständnis einer „gelungenen Zeichnung" oder der Fähigkeit „zeichnen zu können" darüber hinaus aus? Es beinhaltet die Herstellung eines ästhetischen Bildes (wobei unsere Vorstellung von Ästhetik stark variiert). Ist die Diskrepanz zwischen den eigenen darstellerischen Fähigkeiten und unserer Vorstellung eines ästhetischen Bildes zu groß, dann ist die Schlussfolgerung: „Ich kann nicht zeichnen."
Im Laufe unserer Kindheit malen und zeichnen wir viel. Zunächst beginnen wir mit einer Kritzelphase, in der wir die simple Freude an der hinterlassenen Spur (auf dem Blatt oder auch der Zimmerwand) erfahren. Später erwacht eine bewusste Darstellungsabsicht bei dem Hinterlassen dieser Linie, verbunden mit einer sprachlichen Deutungsnotwendigkeit, damit das Gezeichnete leichter erkennbar ist. („Das ist ein Baum, das ist ein Pferd." etc.) Später dann gelingt uns immer häufiger eine erste erkennbare Darstellung. Im fortschreitenden Alter zeichnen wir seltener. Durch fehlende Routine oder Übung entwickeln sich die ästhetischen Ansprüche schneller als die Qualität der eigenen Zeichnungen.
Die frischen Zeichenideen möchten genau hier anknüpfen. Sie sollen schon zu einem frühen Zeitpunkt die Freude am Zeichnen selbst entfachen und die Lösung von der Vorstellung eines „perfekten, realistischen" Zeichenergebnisses als einzig wahrem Produkt aufbrechen.

Im Lehrplan ist das Zeichnen dem Bereich des „Grafischen Gestaltens" zuzuordnen. Die Kompetenzerwartungen an die Kinder sehen neben der „experimentellen Erprobung tradierter und unkonventioneller Zeichenwerkzeuge und -materialien" die „Schulung der zeichnerischen Fähigkeiten vor". Durch das „Ausformen grafischer Bildzeichen und die wiederholte Erkundung grafischer Spuren, von Gestaltungen in Natur, Alltag und Kunst,"[1] sollen die Schüler an das zielgerichtete Zeichnen herangeführt werden und einen eigenen Zeichenstil entwickeln.

1 vgl. Ministerium für Schule und Weiterbildung des Landes NRW: Richtlinien und Lehrpläne, Frechen 2008, S. 101

› Das Zeichnen lernen und zum Zeichnen motivieren

Lerne durch das Tun! Diesem Prinzip zu folgen, ist besonders sinnvoll, wenn man ein guter Zeichner werden möchte. Je häufiger der Stift in der Hand genutzt wird, desto genauer wird die Auge-Hand-Koordination gelingen. Zum Zeichnen gehört aber noch weitaus mehr.

Es bedarf …

- … des künstlerischen Selbstvertrauens (abrufbar auf der Basis von Erfolgserlebnissen).
- … motorischer Fähigkeiten.
- … der Wahrnehmungsfähigkeit, der Einschätzung von Abständen, des Erkennens von Grundformen und der Beobachtung von Details.
- … der Kreativität und der Fähigkeit zur Innovation, zum Beispiel für die Motivgestaltung, die Auswahl des Bildausschnittes oder die Wahl der Darstellungsform.
- … der Geduld und Frustrationstoleranz bei Misserfolgen.
- … der Materialerfahrungen.

Die vorliegende Kartei hilft, die Förderung dieser Kompetenzen in Ihren Unterricht zu integrieren. Die Aufgaben sind motivierend und folgen mit ihren spielerischen Zugängen dem Konzept eines offenen Kunstunterricht. Der Fokus der meisten Aufgaben liegt dabei auf dem **Prozess** des Zeichnens. Die Bildergebnisse zeichnen sich durch eine hohe Individualität aus.

Die Kartei ist in folgende vier Kategorien strukturiert:

1. **Zeichenimpulse setzen – Motive anleiten – Zeichenanlässe schaffen**
   Die Aufgaben dieser Kategorie regen die Kreativität an und helfen bei der Findung individueller Bildideen. Der sonst monotone Übungsprozess wird interessanter durch kindgerechte Bezüge und authentische Lernaufgaben aus der Lebenswelt der Kinder. Die Techniken eröffnen Lücken und Räume, die von den Kindern durch ihre Fantasie und Kreativität gefüllt werden können.
2. **Die Zeichenposition und -durchführung verändern – mal ganz anders zeichnen**
   Durch den Wechsel der Zeichenposition können sich die Schüler von der Feinmotorik lösen und ihren ganzen Körper als Zeichenwerkzeug neu erfahren.
   Mit Hilfe der neuen Erfahrungen beim Zeichnen mit unbekannten Zeichenwerkzeugen werden die bereits erworbenen, klassischen Zeichenfähigkeiten in Relation gesetzt und im Anschluss an die Übung wieder höher wertgeschätzt.
3. **Mut zur Abstraktion – Abstraktion als Weg zu künstlerischem Ausdruck**
   Durch Zufallsergebnisse und experimentelle Verfahren wird der Prozess des Zeichnens in den Fokus gerückt. Die Methoden machen Spaß und das „perfekte, berechenbare Ergebnis" wird aus dem Fokus gerückt. Stattdessen überraschen die Ergebnisse durch neue Darstellungsformen und unerwartete Erfolgserlebnisse.
4. **Hilfen und (Trick-)Methoden zur Förderung des genauen Zeichnens**
   In diesem Bereich wird auf klassische, häufig aber unbekannte Zeichenübungen und -methoden zurückgegriffen, die das genaue Zeichnen erleichtern und trainieren. Sie stellen eine Brücke zwischen dem rudimentären und dem exakten Zeichnen dar und helfen Kindern bei ihrem Versuch, einen eigenen Zeichenstil zu finden.

› Den Unterricht strukturieren

Vor der Durchführung einer Übung im Unterricht empfehle ich, diese als Lehrperson selbst auszuprobieren. Es hilft, ein Gespür für die Technik, für die benötigte Zeit und die Herausforderungen oder Stolpersteine einer Aufgabe zu entwickeln. So können Sie die Aufgabe leichter an die individuellen Bedürfnisse Ihrer Lerngruppe anpassen und sinnvolle Materialentscheidungen treffen.

Kinder, die Angst vor (ihrer eigenen) Kreativität haben oder mit zu offenen Formen überfordert sind, brauchen Tipps und Unterstützung im Ideenprozess. Statt den Kindern fertige Ideen zu präsentieren, ist es hilfreicher, ihnen Kreativitätstechniken für die Ideenfindung aufzuzeigen. Möchte man beispielsweise eine Bildidee finden, so kann man auf Bekanntes und Vertrautes zurückgreifen – wie etwa die Lebenswelt der Kinder – und sich darin ganz besonders auf die individuellen Interessengebiete konzentrieren. Eine weitere Inspirationsquelle bieten Bücher oder das direkte Umfeld (Schulhof / Klassenzimmer / Natur). Fähigen Schreibern helfen Brainstorming oder Mindmap bei der Visualisierung der assoziativen Ideen.

Damit Kinder nicht einfach das Kunstwerk des Sitznachbarn reproduzieren, ist es wichtig, den Wert des Eigenen und Individuellen im Unterricht zu betonen und zu würdigen.

So flexibel die Zeichenübungen sind, so variationsreich können Sie sie auch in Ihren Unterricht einbauen.

Die Kartei …

- … ist für die Klassen 1 – 4 nutzbar. Aufgrund der hohen Leseanteile wird eine selbstständige Nutzung (Werkstatt, Wochenplan, etc.) der Kartei für die Schüler der Klassen 2 – 4 empfohlen.
- … kann wiederholt in verschiedenen Jahrgangsstufen einer Klasse eingesetzt werden. Es ist sinnvoll, alte Ergebnisse (zum Beispiel in einem Künstlertagebuch oder Zeichenportfolio) aufzubewahren. Das Erfolgserlebnis der Schüler beim Vergleich ihrer Werke aus Klasse 1 bis 4 ist sehr effektiv und wertvoll.
- … ist als Diagnosewerkzeug für die Leistungsbewertung nutzbar.
- … gibt keinen thematischen Rahmen vor und kann wahlweise jahreszeiten- und themenbezogen oder unabhängig davon genutzt werden.
- … kann als zeitliche oder leistungsbezogene Differenzierung im Kunstunterricht eingesetzt werden.
- … kann entweder als isolierte Aufgabenstellung für eine Unterrichtsstunde genutzt werden, in der alle Kinder zur selben Zeit dieselbe Aufgabe bearbeiten.
- … kann alternativ den Kindern als gebündelte Kartei für die selbstständige Bearbeitung zur Verfügung gestellt werden, wobei Sie das Angebot stetig variieren können.
- … kann für die Zusammenstellung eines Kunstwochenplans, für die Hausaufgaben oder das Lernen auf Distanz genutzt werden.
- … kann mit unterschiedlichen Materialien umgesetzt werden und dadurch deren Erprobung dienen.
- … richtet sich in ihrer Ansprache direkt an die Kinder und fördert damit das selbstständige Lernen.

› Materialangebot

Ebenso wie die Zeichenübungen die Grenzen des Bekannten und Regulären überschreiten, so sollte im besten Falle auch das Materialangebot den Horizont der Schüler erweitern. Ein breites Materialangebot wirkt sich häufig positiv auf die Motivation der Kinder aus, da sie eine interessen- und präferenzgeleitete Wahl haben.
Nicht zuletzt ist das Zeichnen ein sehr persönlicher Prozess, eine individuelle Ausdrucksform, die sich von der Sprache als Kommunikationsmittel abhebt. Kinder sollten die Möglichkeit erhalten, ihre Lieblingstechnik und ihr Lieblingsmaterial durch vielfältige Materialerprobung zu finden.
Neben variationsreichen Motorikübungen wird durch Verwendung unterschiedlicher Materialien die experimentelle Technikerprobung als Routine etabliert.
Passend zu einer sehr offenen Bereitstellung des Materials bietet sich die Einrichtung einer Werkstatt an. Dabei werden unterschiedliche Zeichenutensilien und Maluntergründe an einem Ort in der Klasse bereitgestellt. Ein Rollwagen bietet dabei gute Strukturierungsmöglichkeiten und Mobilität. Für die Zeichenuntergründe eignet sich das Prinzip der freien Formatwahl. Neben dem üblichen rechteckigen Blattformat können Sie den Kindern durch Schablonen, Zirkel und Schneidewerkzeug die Möglichkeit geben, individuelle Formate zurechtzuschneiden.
Die richtige Handhabung, das Potenzial und die Problematiken eines Zeichenwerkzeugs sollten vorweg konkret und detailliert thematisiert werden. Dabei ist es wichtig, die Komplexität selbst simpler Materialien zu erkennen und diese – vielleicht selbstverständlich anmutenden Aspekte – für Grundschüler deutlich zu verbalisieren.

Am Beispiel des Bleistifts erläutert bedeutet das:

1. Die Wahl der Minenstärke ist relevant. Kinder besitzen meist Bleistifte mit der Minenstärke HB (mittelhart). B (weicher) und H (härter) stellen weitere Härtegrade der Mine dar. Das Zeichnen mit einer weichen Mine braucht weniger Druck, es kann sehr dunkel gemalt werden, ohne dass sich die Mine ins Blatt drückt. Das saubere Radieren fällt entsprechend leichter. Härtere Minen eignen sich dafür besser für das exakte Zeichnen feiner Linien.

2. Der Spitzgrad des Bleistifts bestimmt die Möglichkeiten der Nutzung. Frisch gespitzte Stifte eignen sich für akkurate, feine Linien, hinterlassen aber auch deutliche Spuren, die schwer radierbar sind. Stumpfe Stifte eignen sich für flächige Gestaltungen und weiche Skizzen, die sich leicht radieren lassen.

3. Fällt ein Bleistift zu oft auf eine Kante, so kann die Mine im Inneren brüchig werden.

4. Die physiologisch korrekte Stifthaltung sieht den Dreipunktegriff vor. Daumen und Zeigefinger greifen den Stift wie eine Zange, dabei liegt er auf dem Mittelfinger auf. Das Stiftende zeigt nicht steil nach oben, sondern ruht in der Daumenmulde. Der Ringfinger und der kleine Finger sind leicht gebeugt und der Unterarm sowie das Handgelenk ruhen leicht auf dem Tisch.

5. Durch Veränderung des Winkels zwischen Blatt und Mine kann der Stift wahlweise zum flächigen Schraffieren oder exakten Linienzeichnen auf dem Blatt genutzt werden.

Bauen Sie in die Reflexion der Unterrichtsstunden stets auch eine kurze Materialreflexion ein:

- War das Material für die Aufgabe geeignet?
- Was hat gut funktioniert?
- Womit hattest du Schwierigkeiten? (Tipps aus der Klasse sammeln.)

Im Rahmen der Wertevermittlung und des Umweltschutzes sollten für die Wahl und Beschaffung aller Materialien die Prinzipien des Recyclings / Ressourcenmanagements und der Nachhaltigkeit berücksichtigt werden.

Mögliche Maluntergründe
(Variation der Farbe und des Formats möglich)

Papier
Packpapier
Pizzakartons
Pappteller
Transparentpapier
Zeitungspapier
(Asphalt / Sand)

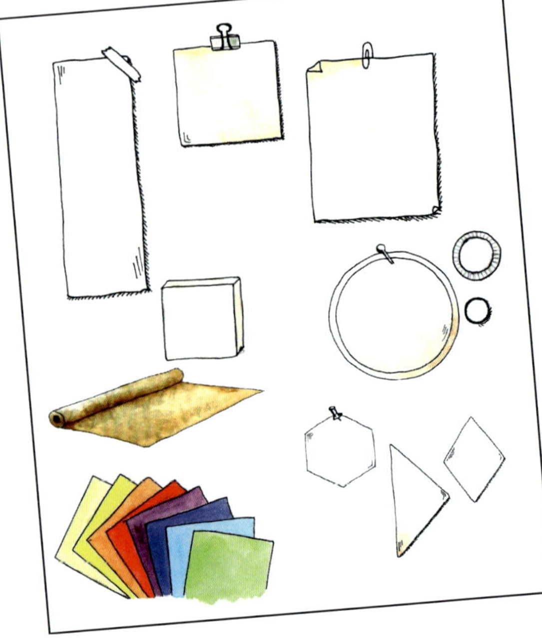

Mögliche Zeichenutensilien
Bleistift (Radiergummi und Spitzer)
Buntstift (Radiergummi und Spitzer)
Kreide / Kreidestifte
Kugelschreiber
Filzstift / Fineliner / Tintenroller
Textmarker
Füller & Tintenkiller
Feder und Tinte
Kohle / Kohlestifte
Rötelstifte
Wachsmalstifte / Pastellkreiden
(Kreidekratzen)

Zeichenwerkzeug
Lineal
Geodreieck
Zirkel
Kreisschablone
flexibles Kurvenlineal

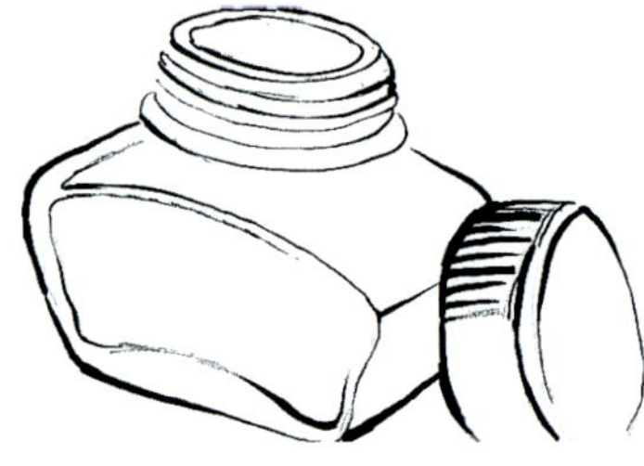

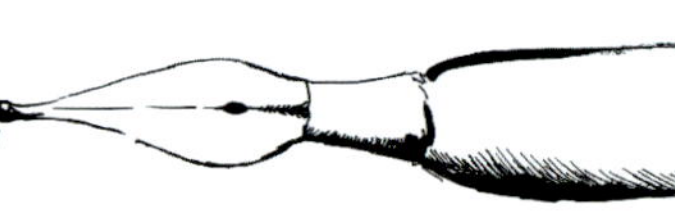

BVK • Lydia Wilczek: Frische Zeichenideen für Kids

Für manche Karteikarten wird besonderes Material benötigt oder *empfohlen[2].

Karteikarte	Benötigtes Material	Seite
Würfelbilder	1–2 Würfel	26
Bildausschnitte weiterzeichnen	Zeitungsausschnitte, Fotografien oder Bildkopien (wahlweise in schwarz-weiß oder bunt)	27
Zeichnen mit Hand, Fuß und Mund	* Reinigungstücher für das Zeichenwerkzeug	28
Mit dem PC / Tablet zeichnen	Digitales Zeichengerät, z. B. Computer oder Tablet mit einem Zeichenprogramm (z. B. Paint, Paint 3D, TUX Paint, ...)	29
Zeichnen mit dem ganzen Körper	* breites Gummiband	30
Die gefühlte Zeichnung	Klebeband oder Malerkrepp)	31
Deckenzeichnen	* Unterlage / Kissen, Klebeband oder Malerkrepp	32
Den Wind zeichnen lassen	Schnur / Faden	33
Blind zeichnen	* Pappteller	34
Der lange Stift	stabile Stöcke oder Stäbe in unterschiedlichen Längen, Gummibänder oder Schnur / Faden zum Befestigen, Kreppklebeband	35
Einlinienzeichnungen	* dünner, biegsamer Draht.	36
Zeichnen zu Musik	Gerät für die Musikwiedergabe inklusive abspielbarer Musik (siehe Titelvorschläge)	37
Kunstfälscher	Vorlage eines Originalkunstwerks (Kopie, Poster, Abbildung in einem Buch)	38
Schattenrisse	* Spielzeugfiguren und eine Lichtquelle (Sonne / Lampe)	40
Rasterzeichnungen	OHP-Folienkopie des Rasters, Papierkopie des Rasters, Bildvorlage in Rastergröße (Zeitungsausschnitt, Fotografie oder Bildkopie), Lineal / Geodreieck	41
Abpausen und Kopieren	* Transparentpapier / Kohlepapier, evtl. eine Bildvorlage (Fotografie, Abbildung aus einem Buch, ...)	43
Fotoautomatenzeichnung	* Kamera oder Gerät zur Aufnahme von Fotografien	44

2 Mit einem Stern gekennzeichnete Materialien sind optional und werden nur für eine Variation oder Weiterführung der Aufgabe benötigt.

Leistungen fördern, beurteilen und bewerten

Die Übungen der vorliegenden Kartei sind größtenteils dem Bereich des Grafischen Gestaltens zuzuordnen. Durch einen wiederholten oder regelmäßigen Einsatz der verschiedenen Zeichentechniken können folgende lehrplankonforme Kompetenzen gefördert werden:

Die Schülerinnen und Schüler ...

- ... erproben experimentelle Verfahren, grafische Werkzeuge und sammeln Materialerfahrungen.[3]
- ... erproben grafische Mittel und Darstellungsformen in Bildgestaltungen, sprechen über deren Wirkung und lernen, diese zielgerichtet in eigenen Gestaltungen einzusetzen.[4]
- ... erkunden neue Wege des Zeichnens, Konzepte der Abstraktion und zum Einsatz des Körpers als Zeicheninstrument.
- ... setzen Erlebtes und Fantastisches sowie eigene Ideen in Bildern grafisch um.[5]
- ... entwickeln zeichnerische Fähigkeiten und einen individuellen Zeichenstil.[6]
- ... lernen Wertschätzung und Toleranz gegenüber künstlerischer Leistungen und Aufgeschlossenheit und Neugier für die Begegnung mit Kunstwerken.[7]

Fehlendes künstlerisches Selbstvertrauen sowie frustrierende Misserfolge hemmen die Schüler in ihrem Zeichenlernprozess. Durch Erfolgserlebnisse und reflektierende Kommunikation über den Prozess und das Bild können junge Zeichner bestärkt und motiviert werden.

Vielen Kindern fehlt dabei die Fähigkeit, eigene Erfolge zu erkennen und wertzuschätzen. Dies kommt besonders dann zum Ausdruck, wenn Kinder immer wieder nach einem ästhetischen Urteil durch eine erwachsene Person fragen: „Ist das schön / gut so?“ Sie sind daran gewöhnt, dass ihre Zeichnung kommentiert und in den meisten Fällen bewertet wird, wahlweise durch ein Lob oder ein Urteil zur Sorgfalt oder Darstellung. Zum mündigen Zeichnen gehört aber auch das Fällen eines selbstständigen, ästhetischen Urteils (unabhängig von der Meinung anderer). Den Entwicklungsprozess dieser Kompetenz können Sie durch differenzierte Wertschätzung unterstützen, die den Schülern hilft, ästhetische Urteile anhand von Kriterien zu treffen.

Die Künstlerlupen (vgl. S. 13) bieten Ihnen die Möglichkeiten für einen reflektierenden Gesprächseinstieg mit den Schülern.

Viele der Ansätze sind prozessorientiert, entsprechend sollten auch die Rückmeldung und die Reflexion prozessorientiert ausfallen. So können übergreifende Kompetenzen wie Experimentierfreude, Kooperationsbereitschaft, Kreativität und Innovation der Schüler sowohl bei der Ideenfindung als auch bei dem Umgang mit dem Material gewürdigt werden.

---

3 vgl. Ministerium für Schule und Weiterbildung des Landes NRW: Richtlinien und Lehrpläne, Frechen 2008, S. 105.

4 ebd.

5 ebd.

6 ebd.

7 vgl. Ministerium für Schule und Weiterbildung des Landes NRW: Richtlinien und Lehrpläne, Frechen 2008, S. 102.

Um die individuelle Entwicklung eines Kindes im Zeichenlernprozess bewerten zu können, empfiehlt es sich, Aufgaben oder Techniken zu wiederholen und die Ergebnisse der Übungen vergleichend zu betrachten. Welche Entwicklungen können Sie erkennen? Bemerken Sie Merkmale und Komponenten, die einen individuellen Zeichenstil erahnen lassen? Welche technischen Fertigkeiten hat der Schüler neu erworben?

Folgende Kriterien können als Leitfaden für die Leistungsbewertung herangezogen werden:

- Zeigt das Kind Experimentierfreude im Umgang mit neuen Materialien?
- Erprobt es neue Techniken ausdauernd und durch eigene Variationen?
- Kann das Kind Erkenntnisse aus dem Umgang mit neuem Material für eigene, zielgerichtete Gestaltungen nutzen?
- Wie differenziert nutzt es seine Fein- und grobmotorische Kompetenz?
- Hat es durch wiederholte zeichnerische Übungen seine grafischen Fähigkeiten verbessert?
- Ist ein individueller Stil erkennbar, den das Kind weiterentwickelt (groß- / kleinformatiges Zeichnen, kräftiger / sorgfältiger / weicher Duktus, typische, wiederkehrende Zeichenformen)?
- Entwickelt das Kind individuelle, kreative Ideen bei der Motivgestaltung oder beim Einsatz von Zeichenwerkzeug?
- Kann es Beobachtungen und Kriterien benennen?
- Besitzt das Kind eine realistische Selbsteinschätzung bei der Betrachtung eigener Kunstwerke und kann es sowohl positive als auch negative Aspekte benennen?

› KRITZEL STELLT SICH VOR ‹

„Hi! Ich bin Kritzel Kunterbunt. So jemanden wie mich hast du noch nicht gesehen? Kein Wunder – wir Zeichentrolle sind winzig klein und leben am liebsten verborgen in Schulmäppchen, Künstlerkoffern und Zeichenblöcken. Meine Stifte und ich möchten mit dir die Welt des Zeichnens entdecken und Spaß haben.
Jeder meiner Stifte hat einen Namen und übernimmt eine wichtige Aufgabe. Fräulein Clementine zum Beispiel brauchen wir für Kürbisse und Clownfische. Und Blue hat immer besonders viel zu tun, wenn ein Himmel oder das Meer gemalt wird. Dann wird Monsieur Olive immer ganz grün vor Eifersucht."

- Na? Kannst du herausfinden, welche Farbe Fräulein Clementine, Blue und Monsieur Olive haben?
- Überlege dir mit einem Partner, wie meine anderen Stifthaare heißen könnten.

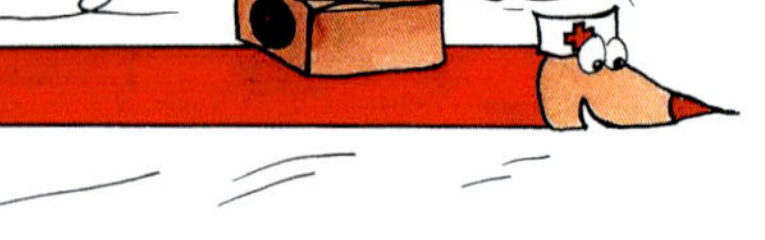

› Kritzels Trickkiste

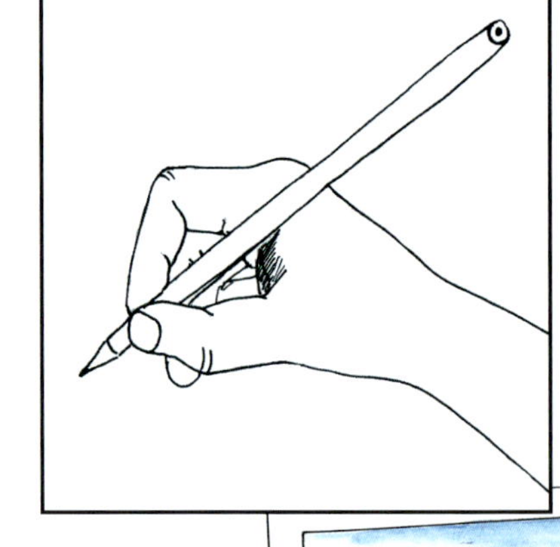

1. Kümmere dich immer gut um deine Stifte! Halte sie gespitzt und lasse sie nicht hinfallen, denn dadurch kann die Mine im Stift brechen.
2. Halte den Stift richtig in der Hand.
   Zeigefinger und Daumen schnappen den Stift – wie ein Krokodil. Der mittlere Finger liegt unter dem Stift. Wenn deine Hand schmerzt, nimm dir einen Igelball zur Massage und Lockerung.
3. Der Bleistift ist ein besonderer Stift. Seine Spitze kann verschiedene Aufgaben erfüllen. Mit einem spitzen Bleistift lassen sich feine und dünne Linien zeichnen, mit einem stumpfen Bleistift kann man leichter ausmalen oder schraffieren.
4. Versuche, den Radiergummi nur im Notfall zu verwenden. Halte beim Radieren das Blatt immer gut fest, damit es nicht knittert.

› KRITZELS LEXIKON ‹

MOTIV
Der Inhalt oder das Thema eines Bildes

FORMAT
Die Form und die Ausrichtung deines Zeichenpapiers

COLORIEREN
mit Farben an- oder ausmalen

GRAFIK
künstlerisches oder technisches Bild, Zeichnung oder Druck

HOCHFORMAT

QUERFORMAT

› Kritzels Künstlerlupe

Schaue dir deine Bilder nach dem Zeichnen noch einmal genau an.
Die Künstlerlupe hilft dir, alles Wichtige auf dem Bild zu entdecken. Du kannst sie ausschneiden und immer wieder benutzen.

Was ist dir gut gelungen?
Welche Formen und Farben entdeckst du?
Wie hat die Technik funktioniert?
Was möchtest du beim nächsten Mal verändern?
Damit habe ich nicht gerechnet: ...

BVK • Lydia Wilczek: Frische Zeichenideen für Kids

› EINE TAGESDOSIS ZEICHNEN ‹

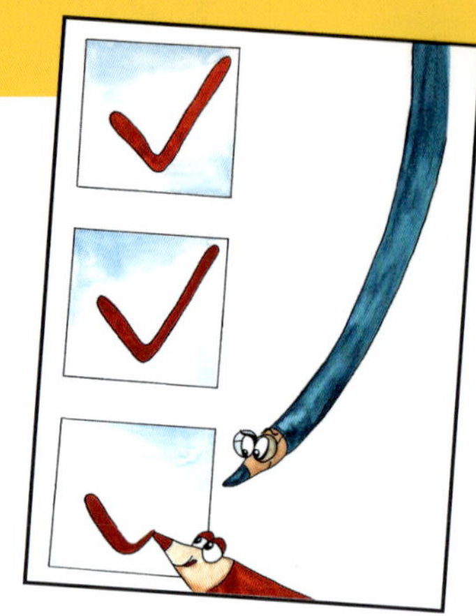

DEINE AUFGABE

Wenn du etwas regelmäßig übst, dann wirst du mit der Zeit besser darin. Zeichne jeden Tag ein Bild. Ideen dazu findest du in der folgenden Liste. Benutze dafür das Material deiner Wahl.

› Tipps von Kritzel

- Hängt eure Bilder täglich in der Klasse auf und betrachtet sie mit Hilfe der Künstlerlupen.
- Sammle deine Bilder und mache daraus ein kleines Skizzenbuch! So machen es auch die echten Künstler. **Wiederhole die Übung nach ein paar Monaten.** Wie haben sich deine Zeichnungen verändert?

Zeichne …

1	... ein Haus.	16	... dein Lieblingsbuch.
2	... einen Baum.	17	... geometrische Formen.
3	... ein Instrument.	18	... etwas, das du gar nicht magst.
4	... dein Lieblingstier.	19	... etwas, das du sehr gerne magst.
5	... dein Gesicht (und eine neue Haarfrisur für dich).	20	... ein Muster.
6	... einen Gegenstand aus deinem Mäppchen.	21	... etwas sehr, sehr Großes.
7	... das Wetter von heute.	22	... etwas sehr, sehr Kleines.
8	... deine Hand, wie sie etwas hält.	23	... etwas Gruseliges.
9	... ein Kleidungsstück.	24	... deine liebste Süßigkeit.
10	... ein Schlüsselloch. Was siehst du, wenn du hindurchsiehst?	25	... einen Bilderrahmen.
11	... etwas, das durch das Bild fließt oder läuft.	26	... etwas, das du sehr gut zeichnen kannst.
12	... einen Legostein oder eine Legofigur.	27	... etwas, das du noch nicht gut zeichnen kannst.
13	... einen Ort, den du besuchen willst.	28	... etwas Magisches.
14	... ein selbst erfundenes Spielzeug.	29	... deinen Helden oder deine Heldin.
15	... ein Fantasietier.	30	... das Wort „Kunst“.

BVK • Lydia Wilczek: Frische Zeichenideen für Kids

› EINE TAGESDOSIS ZEICHNEN – IM ADVENT ‹

DEINE AUFGABE

Wenn du etwas regelmäßig übst, dann wirst du mit der Zeit besser darin. Hast du schon einmal einen Zeichenadventskalender ausprobiert? Zeichne jeden Tag ein Bild. Ideen dazu findest du in der folgenden Liste. Benutze dafür das Material deiner Wahl.

Zeichne ...

1	... einen Adventskranz. (Male die Flammen an den vier Adventssonntagen.)
2	... einen Schlitten oder Schlittschuhe.
3	... eine Schneekugel.
4	... etwas, das du im Advent sehr gerne magst.
5	... etwas, das du im Advent gar nicht magst.
6	... den Nikolaus vor seinem Haus.
7	... einen Lebkuchenmann.
8	... deine Hand, die einen Wunschzettel hält.
9	... dein liebstes Weihnachtsplätzchen.
10	... einen Kamin.
11	... einen Schneemann.
12	... Socken.
13	... das Wort „Weihnachten“.
14	... ein Weihnachtsspielzeug.
15	... einen Geschenkeberg.
16	... ein Notenblatt von deinem liebsten Weihnachtslied.
17	... eine Christbaumkugel.
18	... eine Weihnachtsmaus.
19	... eine Schneeflocke.
20	... ein Weihnachtsmuster.
21	... etwas sehr, sehr Großes, das es nur im Advent gibt.
22	... etwas sehr, sehr Kleines, das es nur im Advent gibt.
23	... dich in deinem schönsten Weihnachtsoutfit.
24	... einen Weihnachtsbaum.

› Lust auf mehr?

Sammle deine Kunstwerke und füge Sie zu einem kleinen Weihnachtskunstbuch zusammen. Tada! Fertig ist ein tolles Weihnachtsgeschenk.

› DER SCHWARZE PUNKT ‹

DEINE AUFGABE

Deine Zeichnung beginnt mit einem schwarzen Punkt. Doch was könnte dieser Punkt sein? Der Reifen eines Autos? Die Nase eines Eisbären? Das Muttermal einer alten Hexe oder etwa das Pendel einer Standuhr? Lass deine Fantasie loslegen und zeichne ein Bild, durch das dein schwarzer Punkt eine Bedeutung bekommt.

› Tipp von Kritzel

Du darfst selbst entscheiden, wie groß dein schwarzer Punkt ist und wo er sich befindet. Nutze zum Zeichnen einen runden Gegenstand (z. B. eine Münze) oder einen Zirkel.

› Kritzels Hingucker

- Spielt eine Runde „Ich sehe einen Punkt, den du nicht siehst, und der ist …"
- In was haben sich eure Punkte verwandelt?
- Wie gut passt der Punkt in das gezeichnete Bild?
- Wo spielt er eine Hauptrolle und wo ist er eher eine Nebensache?

› Lust auf mehr?

Probiere diese Übung auch mit anderen Formen und Farben, zum Beispiel einem roten, gelben oder grünen Dreieck, einem Trapez oder einem Quadrat.

› WOLKENBILDER ZEICHNEN ‹

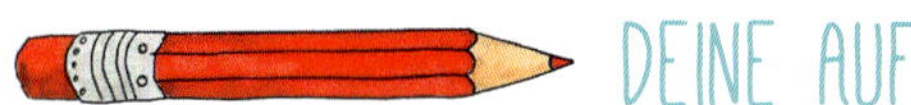

DEINE AUFGABE

Lege dich ins Gras und betrachte die Wolken.
Kannst du die Bilder erkennen, die sich in den Wolken verstecken?
Zeichne die Bilder, die du entdeckt hast, in das Wolkenbild.

› Tipps von Kritzel

- Wenn du Lust hast, kannst du auch eigene Fotografien von Wolken machen, diese ausdrucken und zum Zeichnen verwenden.
- Es gibt viele Arten von Wolken – die besten Wolkenbilder machen Cumuluswolken (Quellwolken).

› WOLKENBILDER ZEICHNEN ‹

Das haben Kritzel und ihre Stifte in den Wolken entdeckt:

In den weißen Kumuluswolken verstecken sich zwei schlafende Dirigenten.

Mit der Abendsonne kommt der feuerspeiende Wolkendrache hervor.

Ein mutiger Skater flitzt über die Wolken-Halfpipe.

BVK • Lydia Wilczek: Frische Zeichenideen für Kids

KOPIERVORLAGE WOLKENBILDER 1

KOPIERVORLAGE WOLKENBILDER 2

› ZEICHNEN NACH FORMAT ‹

DEINE AUFGABE

Lege die langweiligen, rechteckigen Blätter zur Seite, denn heute brauchst du ein besonderes Format zum Zeichnen. Schneide dir ein Blatt in einer ganz neuen Form zurecht, zum Beispiel kreisrund, sechseckig oder trapezförmig – riesig groß oder winzig klein. Betrachte dein Format und zeichne ein Motiv, das besonders gut dazu passt.

› Tipp von Kritzel

Hier findest du eine Liste möglicher Formate: Kreis, Halbkreis, Ring, Dreieck, Quadrat, Rechteck, Trapez, Parallelogramm, Fünfeck, Sechseck, Achteck oder eine unregelmäßige Form.

› Aus Kritzels Kunstwerkstatt:

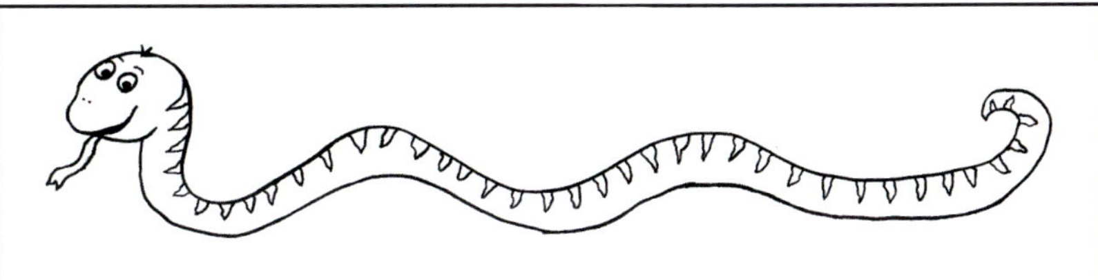

ZEICHNEN NACH WORTBILDERN

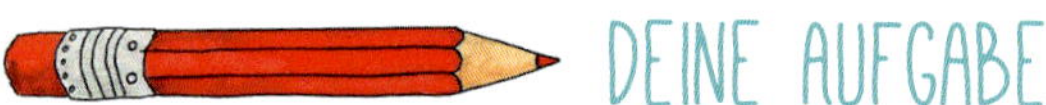

DEINE AUFGABE

Kritzel hat vier Wortbilder für dich geschrieben. Jedes Wort verrät dir, was an dieser Stelle des Bildes gezeichnet werden soll. Wähle ein Wortbild aus und zeichne oder male das passende Bild dazu.

› Kritzels Hingucker

- Vergleicht eure Bilder. Welche Unterschiede und welche Gemeinsamkeiten entdeckt ihr?
- Hättest du dieselben Wörter verwendet?
- Welche Wörter hättest du noch gerne ergänzt?

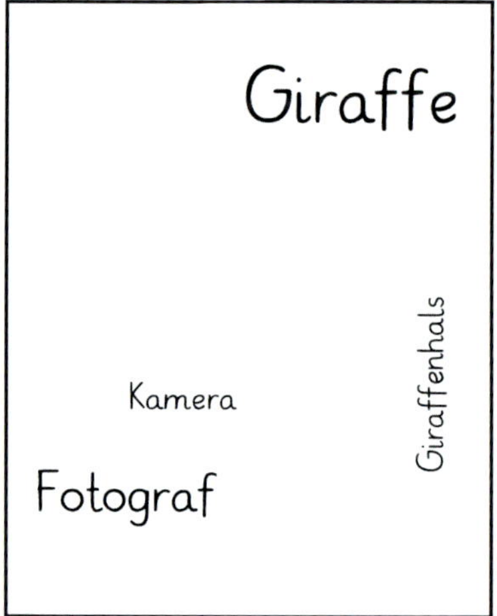

Zuschauer

Tor

Torwart

Fußball

Torschütze

› Lust auf mehr?

Diese Übung ist eine tolle Partneraufgabe. Nehmt euch Blätter zum Schreiben und erfindet eigene Wortbilder, die dann euer Partner oder eure Partnerin zeichnet oder malt.

› GEZEICHNETE ERZÄHLSTUNDE ‹

DEINE AUFGABE

Sicher habt ihr schon einmal in einem Erzählkreis zusammengesessen und berichtet, was ihr am Wochenende oder in den Ferien erlebt habt. Probiert doch mal zur Abwechslung eine gezeichnete Erzählstunde. Jeder zeichnet die wichtigsten und schönsten Erlebnisse (oder Gegenstände, die euch daran erinnern) auf und präsentiert sie später den anderen Kindern.

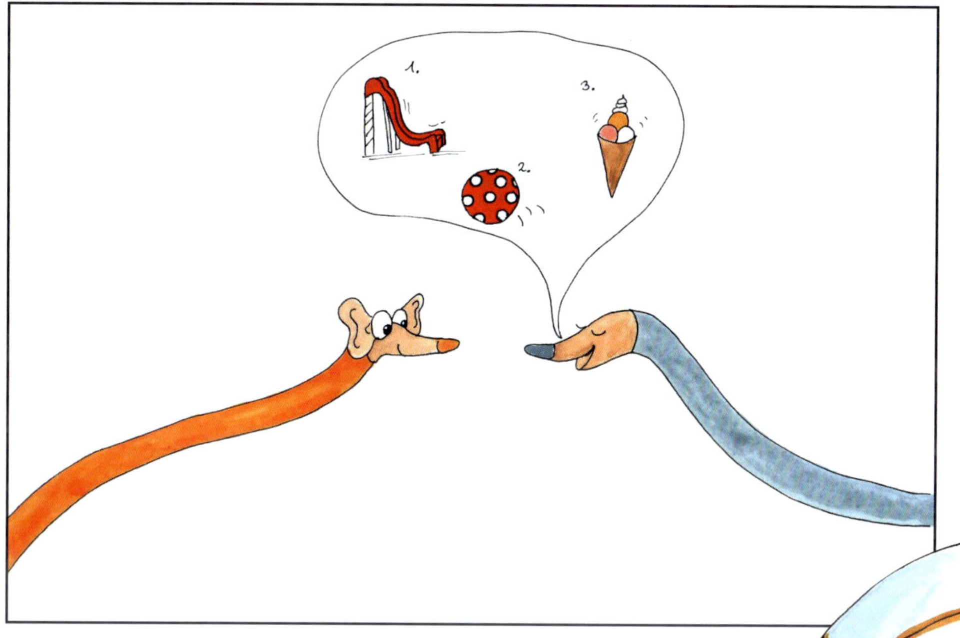

› Kritzels Hingucker

Wer hat es geschafft, nur mit Hilfe von Bildern und ohne Worte zu erzählen?

› Profifrage:

Welches Sinnesorgan brauchst du, um bei der gezeichneten Erzählstunde „zuzuhören"?

Lösung: Die Ohren.

› Lust auf mehr?

Du hattest Spaß daran, deine Erlebnisse zeichnerisch festzuhalten? Dann probiere doch einmal ein Zeichen-Tagebuch aus. Zeichne an (fast) jedem Tag in dein Buch, was du erlebt hast.

DAS GEZEICHNETE ABC

DEINE AUFGABE

Diese Aufgabe ist etwas für echte Klassenteams. Verteilt die Buchstaben des Alphabets an alle Kinder. Jeder zeichnet jetzt ein Tier, einen Gegenstand oder eine Pflanze, die mit dem entsprechenden Buchstaben anfangen. Wenn ihr die Bilder später zusammenfügt, erhaltet ihr ein gezeichnetes ABC. Achtet auf die richtige Reihenfolge!

› Tipps von Kritzel

Damit eure Bilder gut zueinander passen, einigt euch vorher auf:

- eine Papiergröße
- ein Format (Hochformat / Querformat)
- ein Zeichenmaterial

Falls du keine Idee für dein Bild hast, findest du hier ein paar Ideen zu jedem Buchstaben.

BUCHSTABE	IDEE	BUCHSTABE	IDEE
A	Apfel, Adler, Anker	N	Nadel, Nashorn, Nase
B	Banane, Bär, Blume	O	Oma, Ohr, Otter
C	Chamäleon, Cent, Cello	P	Paprika, Pinguin, Palme
D	Dackel, Dieb, Dose	Q	Qualle, Quark, Quadrat
E	Elf / e, Eimer, Esel	R	Regenschirm, Rakete, Raupe
F	Fahrrad, Feder, Fliege	S	Sonne, Seepferdchen, Salbe
G	Gitarre, Gans, Gießkanne	T	Turm, Trompete, Tiger
H	Hut, Harfe, Hamster	U	Ufo, U-Boot, Uhu
I	Insel, Igel, Indianer	V	Vanille, Vogel, Vase
J	Jacke, Jaguar, Jo-Jo	W	Wolle, Wal, Walnuss
K	Knopf, Kuh, Kaktus	X	Xylofon
L	Libelle, Leiter, Lippen	Y	Yoga, Yin und Yang, Yak
M	Melone, Maus, Monster	Z	Zahn, Zauberer, Zitrone

› Lust auf mehr?

Ihr seid mehr als 26 Kinder oder habt noch Lust auf einen zweiten Buchstaben: Dann nehmt euch doch die Buchstaben Ä, Ö und Ü vor.

BVK • Lydia Wilczek: Frische Zeichenideen für Kids

› KNITTERBILDER ‹

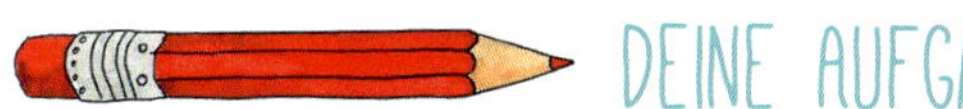

DEINE AUFGABE

Nimm dir ein Blatt Papier und zerknittere es. Ja, du hast richtig gelesen! Zerknülle es fest in deiner Hand.
Öffne nun das Blatt und streiche es glatt. Welche Bilder entdeckst du in den Knitterbildern? Zeichne, was du siehst – die Knitterfalten helfen dir.

› Tipp von Kritzel

Wenn es dir zu Beginn schwer fällt ein Bild zu erkennen, dann zeichne zunächst ein paar der Linien mit dem Bleistift nach. Betrachte nun das Bild erneut. Erkennst du jetzt eine Figur?

› Aus Kritzels Kunstwerkstatt

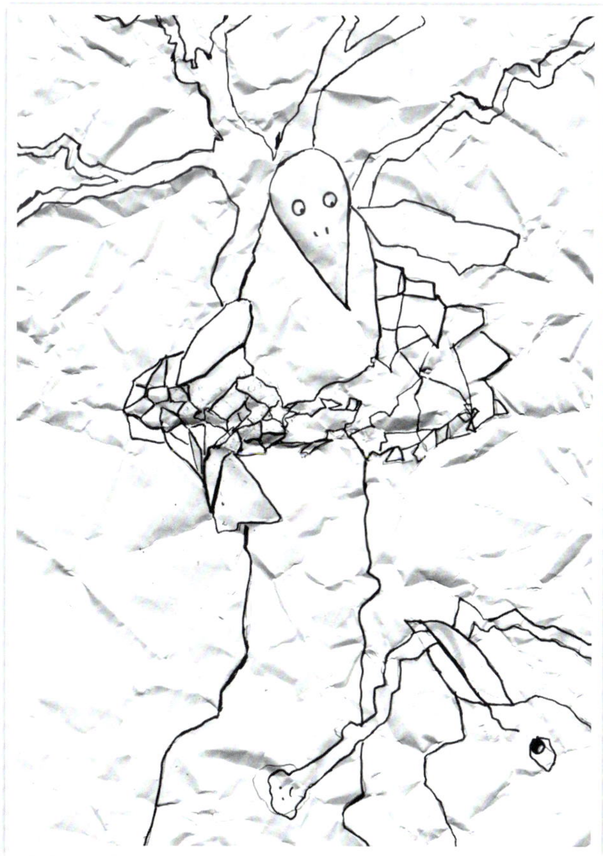

› WÜRFELBILDER ‹

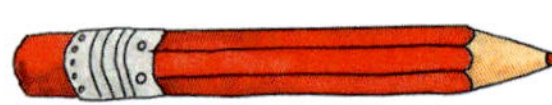

DEINE AUFGABE

Für diese Aufgabe benötigst du einen Würfel und viel Mut. Denn heute zeichnest du einen Außerirdischen.

Zeichne zunächst einen Körper mit Kopf in der Form deiner Wahl. Lass dabei deine Fantasie spielen. Nun darfst du zehn Mal würfeln und jedes Mal einen Körperteil dazuzeichnen.

› Würfelliste

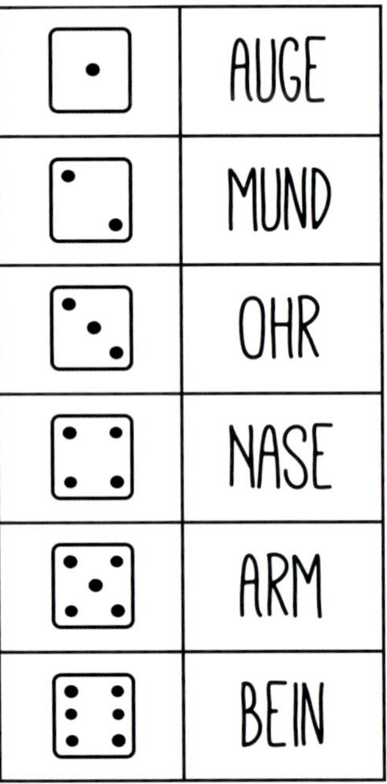

⚀	AUGE
⚁	MUND
⚂	OHR
⚃	NASE
⚄	ARM
⚅	BEIN

› Lust auf mehr?

Würfle mit zwei Würfeln für weitere Details.

7	FÜHLER / ANTENNE
8	ZEH
9	FINGER
10	SOMMERSPROSSE
11	HORN
12	ZOPF

› Kritzels Hingucker

- Könnt ihr anhand der Bilder erraten, wie oft eure Partnerin / euer Partner eine bestimmte Zahl gewürfelt hat?
- Wie gefällt dir dein Außerirdischer?
- Finde einen passenden Namen.

› BILDAUSSCHNTTE WEITERZEICHNEN ‹

DEINE AUFGABE

Suche dir ein Foto oder ein Bild in einer Zeitschrift / einer Zeitung und schneide den Teil aus, den du benutzen möchtest. Klebe den Schnipsel auf ein Blatt und zeichne ihn weiter, bis ein völlig neues Bild entsteht.

› Tipps von Kritzel

Es sind zwei künstlerische Herangehensweisen möglich:

Möglichkeit 1: Du zeichnest so exakt wie möglich und vervollständigst das Bild, so wie es Kritzel oben gemacht hat. Damit übst du das genaue Zeichnen.

Möglichkeit 2: Du zeichnest das Bild so weiter, dass etwas völlig Neues und Unerwartetes dabei herauskommt, so wie bei den Bildern aus Kritzels Kunstwerkstatt. Damit übst du das kreative Zeichnen.

› Aus Kritzels Kunstwerkstatt

ZEICHNE MIT HAND, FUß UND MUND

DEINE AUFGABE

Zeichnen mit der Schreibhand? Das kann ja jeder! Aber wie wäre es, wenn du einmal versuchst, mit deinem Mund, deinem Fuß oder deiner anderen Hand zu zeichnen? Suche dir dazu ein einfaches Motiv (Haus, Blume) aus und zeichne es einmal mit jedem Körperteil.

Tipps von Kritzel

- Probiere verschiedene Stifthaltungen aus.
- Bevor du den Stift in den Mund nimmst, solltest du ihn gut reinigen! (Danach übrigens auch!)

Kritzels Hingucker

- Welches Bild ist dir am besten gelungen? Sei stolz auf dein bestes Bildergebnis, denn es zeigt dein zeichnerisches Können!
- Fertigt eure Zeichnung „verdeckt" und geheim an. Ratet am Ende: Welches Bild wurde mit dem Fuß, welches mit der linken oder der rechten Hand gezeichnet? Woran erkennt ihr das?

Aus Kritzels Kunstwerkstatt

Lust auf mehr?

- Zeichnet eure Bilder auf kleine Notizzettel. Verwendet jeder ein anderes Motiv. Wenn ihr eure Bilder laminiert, erhaltet ihr ein einzigartiges Quartettspiel.
- Manche Menschen haben durch körperliche Einschränkungen nicht die Möglichkeit, mit den Händen zu malen. Sie haben das Malen mit dem Mund oder dem Fuß sehr lange geübt und perfektioniert. Diese Kunst nennt man Fuß- und Mundmalerei.

› MIT DEM PC / TABLET ZEICHNEN ‹

DEINE AUFGABE

Verschaffe deinem Bleistift und deinem Radiergummi eine Pause und zeichne zur Abwechslung einmal mit dem PC / Tablet.

Probiere verschiedene Programme (z. B. Paint, Paint 3D oder TUX Paint) aus und finde heraus, welches dir am meisten Spaß macht.

› Tipp von Kritzel

Für den Einstieg sind Bilder aus einfachen, geometrischen Formen geeignet. Roboter lassen sich zum Beispiel gut mit dem PC / Tablet zeichnen.

› Aus Kritzels Kunstwerkstatt

Das ist Mutibot –
ein Freundschaftsroboter, der Kindern hilft, sich etwas zu trauen.

Das ist Räumaufix –
ein freundlicher Roboter, der liebend gerne Kinderzimmer aufräumt.

› Lust auf mehr?

- Wie heißt dein Roboter? Welche Fähigkeiten besitzt er? Schreibe mit dem PC oder Tablet (z. B. Word) eine kleine Beschreibung.
- Speichere dein Bild und den Text in einem Ordner ab. Drucke beides aus und klebe es auf ein Blatt.

› ZEICHNEN MIT DEM GANZEN KÖRPER ‹

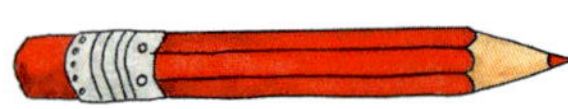

DEINE AUFGABE

Sicher hast du schon einmal einen Schneeengel gemacht und dabei mit deinen Armen und Beinen eine Spur im Schnee hinterlassen. So ähnlich funktioniert auch diese Aufgabe.

Bedecke den Boden mit einer Lage Papier, die etwas größer ist als dein Körper (zum Beispiel Packpapier).

Lege dich mit Stiften in deinen Händen auf das Papier und bewege deine Arme in großen Bewegungen. Nimm immer wieder neue Positionen auf dem Blatt ein.

› Tipps von Kritzel

- Die Bilder bekommen eine tolle Wirkung, wenn du möglichst viele Stifte und Farben verwendest.
- Du kannst auch mehrere Stifte gleichzeitig in der Hand halten. Am besten umwickelst du sie dabei mit einem breiten Gummiband.

› Lust auf mehr?

- Die Künstlerin Heather Hansen malt Bilder mit schwarzer Kohle. Dabei legt sie sich auf riesige Blätter und bewegt sich mit der Kohle in den Händen fast wie bei einem Tanz auf dem Blatt hin und her und hinterlässt dabei Spuren.
- Du magst Akrobatik? Dann lege das Papier unter ein Klettergerüst mit einem Reck (einer niedrigen Stange). Hänge dich mit den Knien an die Stange und schwinge mit dem Körper vor und zurück, während du zwei Filzstifte in der Hand hältst.

DIE GEFÜHLTE ZEICHNUNG

DEINE AUFGABE

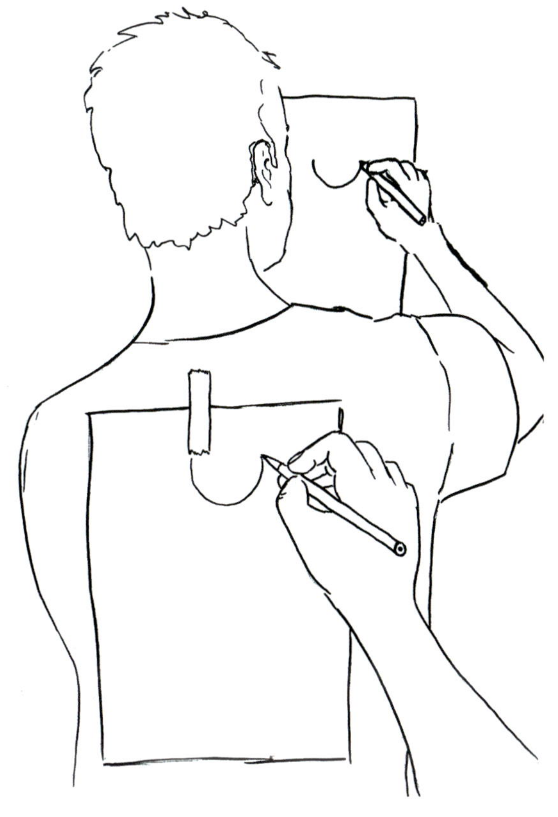

Suche dir einen Partner. Befestige ein Blatt Papier an einer glatten Wand und ein Blatt Papier auf deinem Rücken. Auf diesem zeichnet nun deine Partnerin / dein Partner Schritt für Schritt ein (einfaches) Bild. Versuche, die Linien zu erspüren und so genau wie möglich auf deinem Bild an der Wand nachzuzeichnen.

› Tipps von Kritzel

- Achte darauf, keine zu dicke Kleidung zu tragen, damit du die Linien auf dem Rücken auch spürst.
- Für diese Aufgabe eignen sich weiche Wachsmalstifte oder Wachsmalkreide, damit keine Risse im Papier entstehen oder der Stift auf der Haut kratzt.

› Kritzels Hingucker

Vergleicht am Ende eure Ergebnisse. Welche Linien hast du richtig erspürt? Wieso ergeben dieselben Linien manchmal völlig unterschiedliche Bilder?

› Lust auf mehr?

Wechsle die Position mit deiner Partnerin / deinem Partner. Probiert es nun noch einmal.

› ZEICHNEN AN DER DECKE ‹

DEINE AUFGABE

Als der berühmte Maler Michelangelo Buonarroti die Decke der Sixtinischen Kapelle malte, musste er oft kopfüber zeichnen oder auch beim Malen auf dem Rücken liegen. Probiere diese Zeichenposition einmal aus.

› Tipps von Kritzel

- Du brauchst einen Tisch mit einer glatten Unterfläche. Klebe dein Blatt mit allen vier Ecken mit Klebefilm oder Malerkrepp an der Unterseite fest.
- Nimm dir ein Kissen und eine Unterlage, damit du während des Zeichnens warm und bequem liegst.

› Kritzels Hingucker

- Wie hat sich dein Körper beim Zeichnen an der Decke angefühlt?
- Mit welchem Material klappt das Zeichnen an der Decke besonders gut? Woran liegt das?

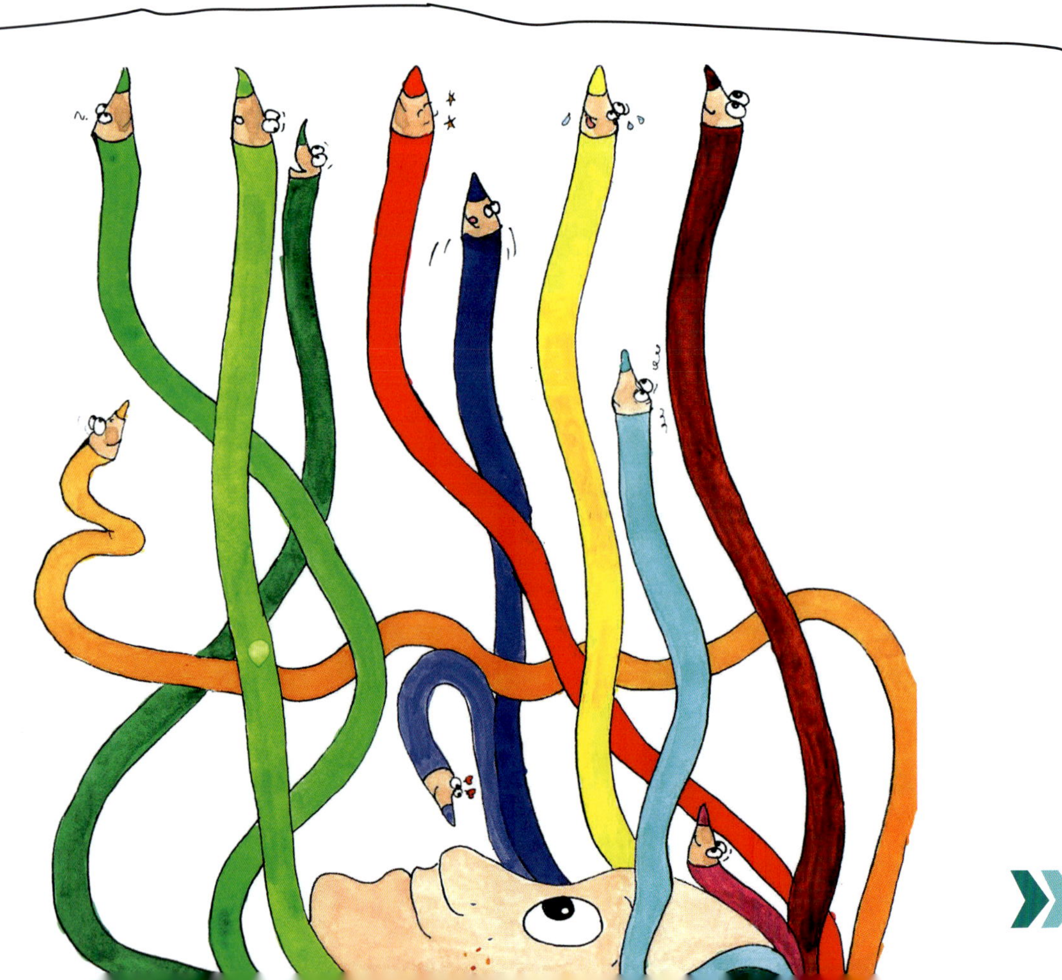

› DEN WIND ZEICHNEN LASSEN ‹

DEINE AUFGABE

Zeit für eine kleine Pause! Lass doch einfach mal den Wind für dich zeichnen. Warte auf einen Tag, an dem besonders starker Wind weht und es dennoch trocken ist. Befestige ein paar Stifte mit Schnüren an den Ästen eines Baumes und lege darunter große Papiere aus. Achte darauf, dass du den Baum dabei nicht verletzt. Sobald ein Windstoß kommt, bewegen sich die Stifte über das Blatt und zeichnen für dich die Bewegungen des Windes.

› Tipps von Kritzel

- Trauerweiden haben lange, hängende Äste, die leicht im Wind schwingen. An ihnen funktioniert die Übung besonders gut.
- Für diese Übung eignen sich Buntstifte, Wachsmalstifte, Wachsmalkreide und am besten Filzstifte. Pass auf, dass sie nicht zu lange am Baum hängen und austrocknen.

› Lust auf mehr?

- Der Künstler Jamie Newton hat eine Windzeichenmaschine erfunden (Wind-driven drawing machine, 2007). Dabei sind die Stifte an Drähten mit kleinen Metallplatten verbunden, die vom Wind bewegt werden.
- Die fertigen Ergebnisse kannst du unverändert lassen oder dazu passende Windelemente zeichnen (Flugdrachen, Vögel, Wolken etc.)
- Du siehst – der Wind ist ein guter Zeichner. Gibt es noch andere Elemente in der Natur, die „zeichnen“ können?

› BLIND ZEICHNEN ‹

DEINE AUFGABE

Traust du dich zu zeichnen, ohne auf das Blatt zu sehen? Suche dir einen Gegenstand (zum Beispiel deine Hand, eine Pflanze, dein Mäppchen) und versuche, ihn so genau wie möglich zu zeichnen. Dabei darfst du allerdings erst auf das Blatt schauen, wenn deine Zeichnung fertig ist. Wiederhole deinen Versuch mehrmals. Die Ergebnisse sind manchmal lustig, sehen aber auch oft richtig cool aus. Diese Übung hilft dir, deine Augen und damit das genaue Beobachten und Betrachten zu trainieren.

› Tipp von Kritzel

Um dich selbst vom Schummeln abzuhalten, kannst du einen einfachen Pappteller auf deinen Stift stecken.

› Aus Kritzels Kunstwerkstatt

Dies sind blind gezeichnete Hände, das heißt, beim Zeichnen hat Kritzel nicht auf das Blatt geschaut, sondern nur auf die Umrisse der Hand, die sie gezeichnet hat.

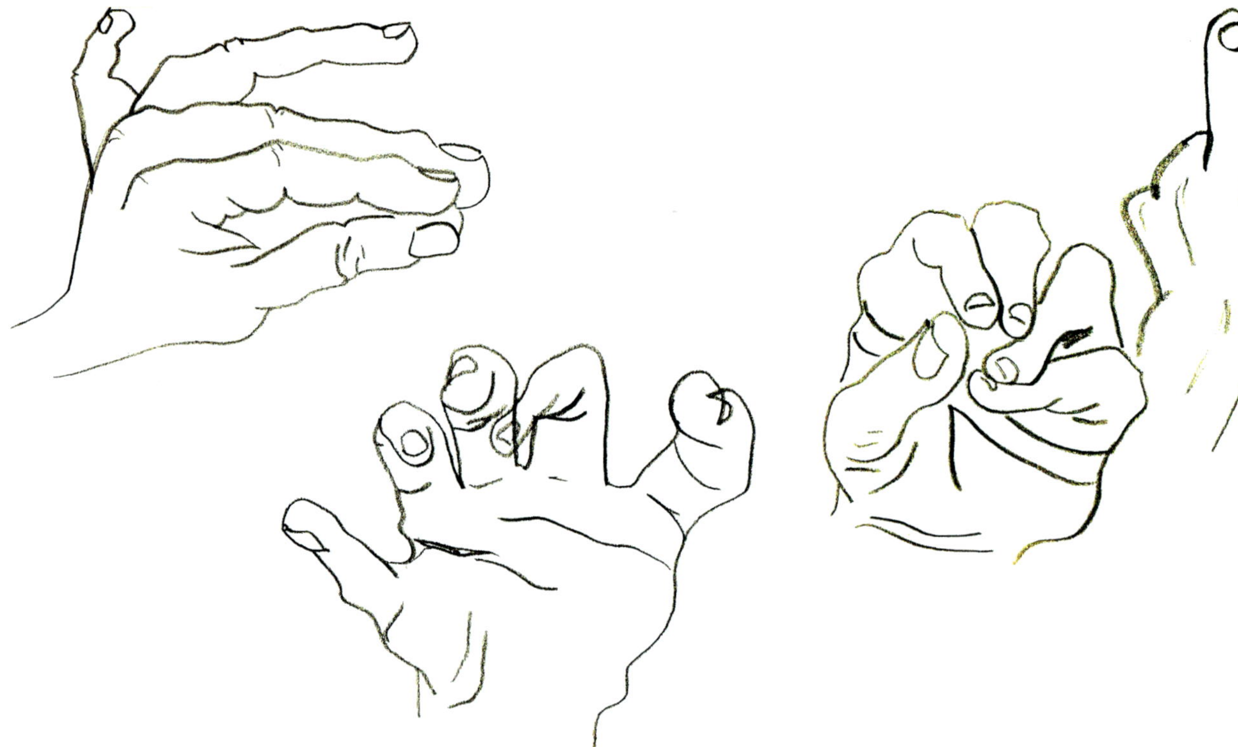

› Lust auf mehr?

Zeichne dasselbe Motiv nun mit geöffneten Augen – welches gefällt dir besser? Begründe deine Auswahl.

DER LANGE STIFT

DEINE AUFGABE

Mit einem normalen Stift kann jeder zeichnen. Was passiert aber, wenn du deinen Stift an einen langen Stab oder Stock bindest? Zeichne damit ein Bild aus der Entfernung. Dein Blatt sollte dabei auf dem Boden liegen oder an der Wand hängen. Klebe dein Papier zum Beispiel mit Kreppklebeband fest, damit es nicht verrutscht.

› Tipp von Kritzel

Diese Übung funktioniert gut mit Filzstiften oder einem Pinsel und Wasserfarbe, denn bei beiden musst du nur wenig Druck ausüben, um eine Spur auf dem Blatt zu erhalten.

› Kritzels Hingucker

Der Künstler Henri Matisse nutzte einen langen Stab beim Zeichnen und Malen. Seine Gründe dafür sind nicht bekannt. Es könnte sein, dass er dadurch seinen Zeichenstil verändern wollte. Da er aber wegen einer Erkrankung oft viel Zeit im Bett verbringen musste, könnte es sein, dass der Stock ihm dabei half, auch von dort aus zu zeichnen.

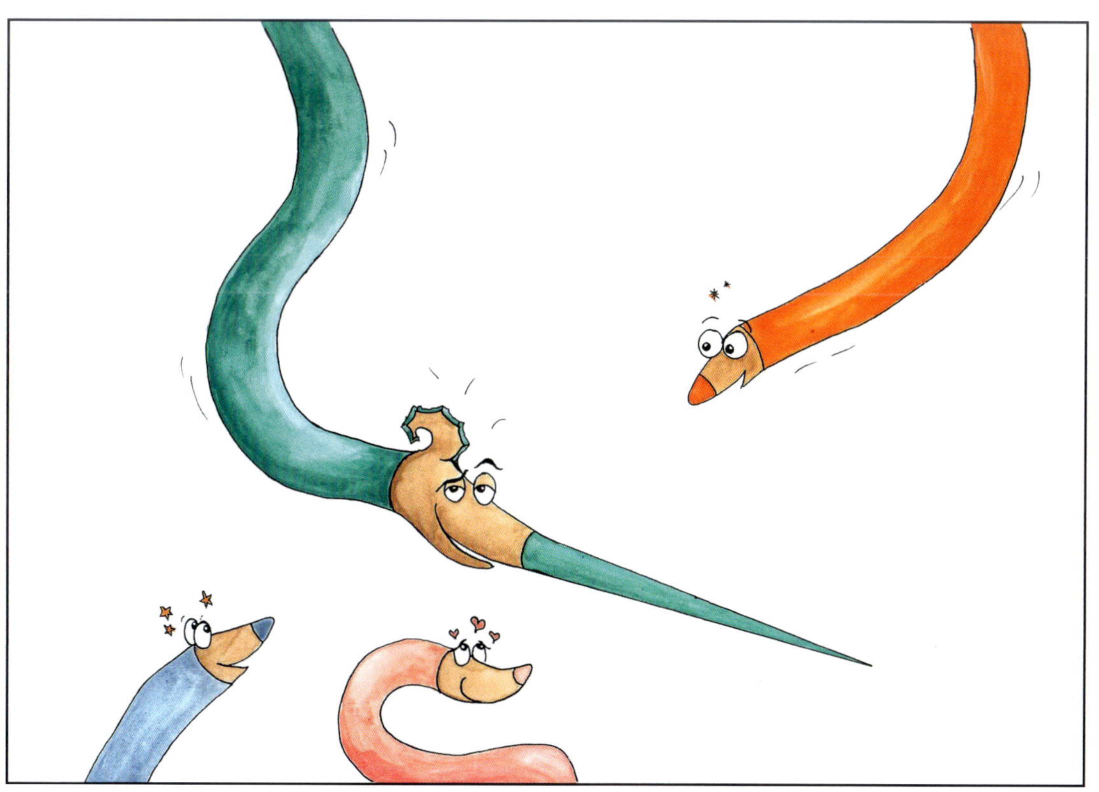

› EINLINIENZEICHNUNG ‹

DEINE AUFGABE

Stelle dir vor, dein Stift klebt auf magische Weise am Blatt fest.
Was kannst du in einer Linie zeichnen, ohne den Stift abzusetzen?

› Tipps von Kritzel

- Übe zuerst, das Haus vom Nikolaus zu zeichnen.
- Gerade Linien gehen leichter als Kurven und Bögen.

› Aus Kritzels Kunstwerkstatt

› Lust auf mehr?

- Nimm dir einen dünnen Draht und forme ihn so wie die Linie deiner Lieblingszeichnung. So bekommst du eine stabile, dreidimensionale Zeichnung.
- Informiere dich über den Künstler Pablo Picasso, zum Beispiel auf den Internetseiten *www.blinde-kuh.de* oder *www.fragfinn.de*. Er ist unter anderem bekannt für seine Einlinienzeichnungen, mit denen er Tiere dargestellt hat.

BVK • Lydia Wilczek: Frische Zeichenideen für Kids

ZEICHNEN ZU MUSIK

DEINE AUFGABE

Musik an! Jetzt brauchst du zum ersten Mal deine Ohren, um zu zeichnen. Höre dir die Musik sehr genau an und zeichne dazu ein passendes Bild. Du kannst zum Beispiel Gefühle, eine Erinnerung oder Assoziationen (Gedankenverbindungen) zeichnen. Es darf ein gegenständliches oder ein abstraktes Bild sein.

› Tipp von Kritzel

Am besten du stellst das Lied / die Lieder auf Wiederholung und hörst es / sie immer wieder, während du zeichnest.

Hier findest du eine Liste mit Kritzels Lieblingsliedern zum Zeichnen:

Interpret	Songtitel
Pjotr Iljitsch Tschaikowsky	Tanz der Zuckerfee (Der Nussknacker, Op. 71, Akt III: Variation 2)
Albert Ketèlbey	In a Persian Market
Henry Mancini	Baby elephant walk
Rüdiger Oppermann	Riding a horse with five legs
Thomas Newman	American beauty
Sérgio Mendes	Magalenha
Andreas Vollenweider	Caverna magica
Alexandre Desplat	Moving in
Woodkid	Run boy run
Yosi Horikawa	Bubbles
LUX	Northern lights

› Lust auf mehr?

- Das schwierige Wort *Synästhesie* beschreibt die Verbindung zweier Sinne. Manche Menschen beschreiben ihre Fähigkeit zum Beispiel so, dass sie Farben hören oder Musik schmecken können.
- Informiere dich in einem Kunstlexikon oder im Internet *(www.blinde-kuh.de; www.fragfinn.de)* über den Künstler Wassily Kandinsky, der selbst eine Verbindung zwischen dem Hören von Musik und seiner Kunst gefunden hat.

› KUNSTFÄLSCHER ‹

DEINE AUFGABE

Suche dir in einem Kunstbuch oder im Internet *(www.fragfinn.de; www.blinde-kuh.de)* das Bild eines berühmten Künstlers oder einer Künstlerin.
Zeichne das Bild nun ab.
Aber Achtung: Diesmal sollte man erkennen können, dass das Bild deine Handschrift und deinen Stil trägt.

› Tipp von Kritzel

Seinen eigenen Zeichenstil zu finden, ist gar nicht leicht.
Entscheide dich zunächst für dein liebstes Werkzeug. Betrachte dann deine bisherigen Zeichnungen. Was haben sie alle gemeinsam? Wo liegen deine zeichnerischen Stärken?

› Kritzels Hingucker

- Betrachte das Original und deine „Fälschung:
  Welche Gemeinsamkeiten und welche Unterschiede erkennst du?
- Stelle dir vor, dein Bild würde im Museum hängen. Was würde den Musemsbesuchern daran besonders gefallen?

› Lust auf mehr?

Echte Gemälde sind oftmals wertvoll und kosten viel Geld. Es gibt ein paar spannende Kriminalfälle, bei denen besonders talentierte Maler die Gemälde großer Künstler kopiert oder gefälscht haben. Anschließend behaupteten sie, das Bild sei von einem bekannten Künstler gemalt worden und sie verdienten bei dem Verkauf sehr viel Geld. Mittlerweile untersuchen Wissenschaftler die Bilder sehr genau, damit so etwas nicht mehr passieren kann.

BILDER ÜBER KOPF

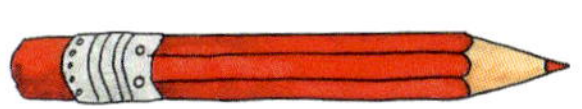

DEINE AUFGABE

Keine Sorge! Für diese Aufgabe musst du keinen Handstand machen – aber deine Bilder schon. Zeichne ein Bild deiner Wahl ab, während es verkehrt herum vor dir auf dem Tisch liegt. Dieser Trick hilft dir dabei, die Abstände und Formen der Linien besser einzuschätzen. Du wirst verblüfft sein, wie gut deine Zeichenergebnisse sind.

› Tipps von Kritzel

- Mit dieser Methode kann man sein Gehirn überlisten, um genauer zu zeichnen. Am besten funktioniert es, wenn du das Bild von Anfang an nur kopfüber siehst.
- Im Anhang findest du einige Bilder von Kritzel zum Abzeichnen. Wenn du lieber selbst Motive suchen möchtest, eignen sich Zeichnungen mit klaren, schwarzen Linien – zum Beispiel Comicfiguren.

› Aus Kritzels Kunstwerkstatt: Motive zum Abzeichnen

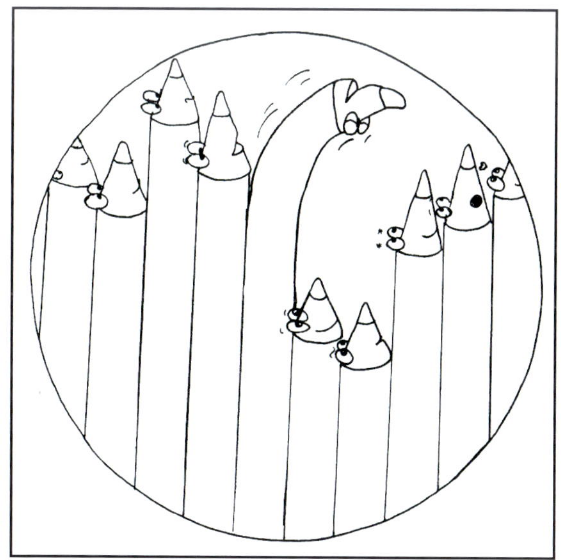

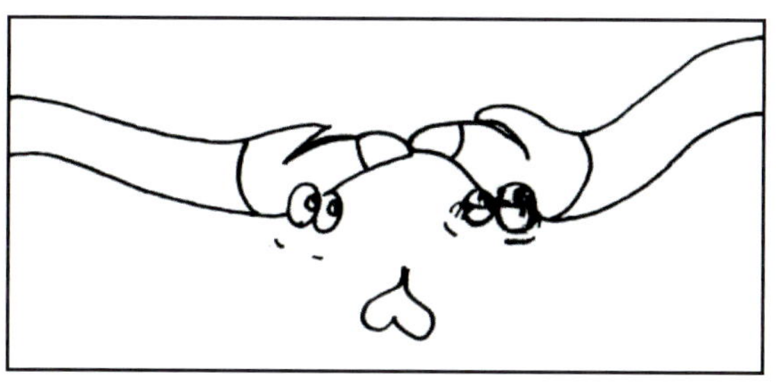

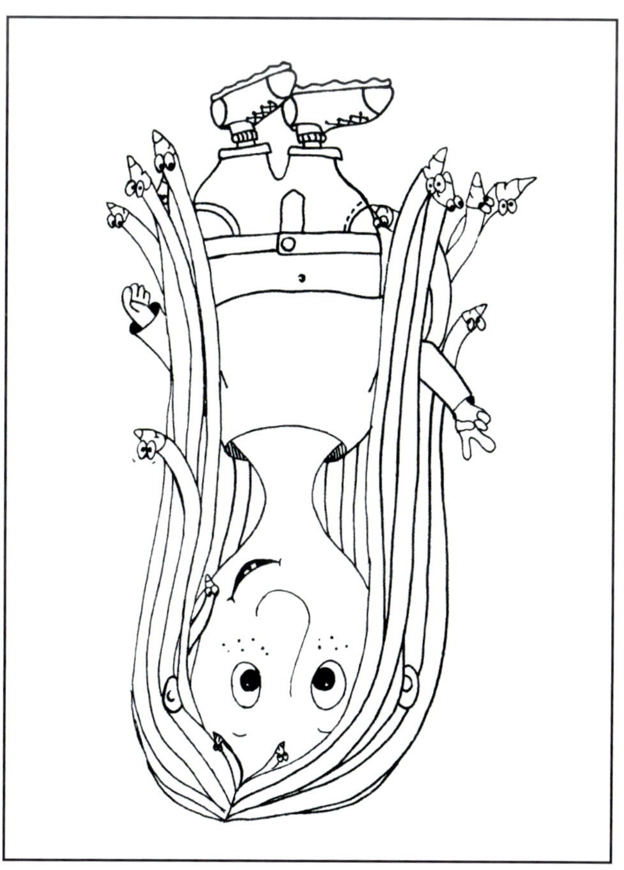

SCHATTENRISSE

DEINE AUFGABE

Wer ist der beste Zeichner der Welt? Dein Schatten! Er macht niemals einen Fehler, wenn er dich zeichnet. Nutze die Fähigkeit eines Schattens.

Stelle Spielzeugfiguren (z. B. Tiere) so vor ein Blatt, dass eine Lichtquelle (die Sonne oder eine Lampe) die Schatten der Figuren auf das Papier wirft. Zeichne nun die Schatten auf das Bild.

› Tipps von Kritzel

- Je nachdem, wie du die Figuren zur Sonne / zur Lampe aufstellst, verändern sich die Schatten und werden zum Beispiel größer und kleiner. Experimentiere mit den Schatten, bevor du sie zeichnest.
- Male das Blatt vorher vollständig mit Textmarkern aus. Diese Stifte haben eine tolle Leuchtkraft und bringen die gezeichneten Schatten später noch besser zur Geltung. Den Schattenriss malst du schwarz aus.

› Kritzels Hingucker

Betrachtet die fertigen Bilder und versucht, die Schatten den richtigen Figuren zuzuordnen.

› RASTERZEICHNUNGEN ‹

DEINE AUFGABE

Ein Raster kann dir beim genauen Abzeichnen helfen, weil es dein Bild in viele kleine Stücke zerlegt, die du leicht abzeichnen kannst.

› Tipps von Kritzel

- Du brauchst das Raster einmal als Kopiervorlage und einmal als Folienkopie, die du über das Originalbild deiner Wahl legst. Du könntest einen Zeitungsausschnitt, eine Fotografie oder ein Buchcover verwenden.
- Beide Raster kannst du dir auch selbst mit deinem Lineal und einem Geodreieck zeichnen. Das erste Raster zeichnest du dabei auf das Originalbild, das zweite auf dein Blatt. Miss und zeichne dabei sehr genau und drücke nur leicht mit dem Bleistift.
- Je kleiner die Kästchen sind, desto leichter ist das Abzeichnen. Die Kästchen sollten quadratisch sein (beide Seiten sind dabei gleich lang) und mindestens 2 x 2 cm, aber höchstens 5 x 5 cm lang sein.

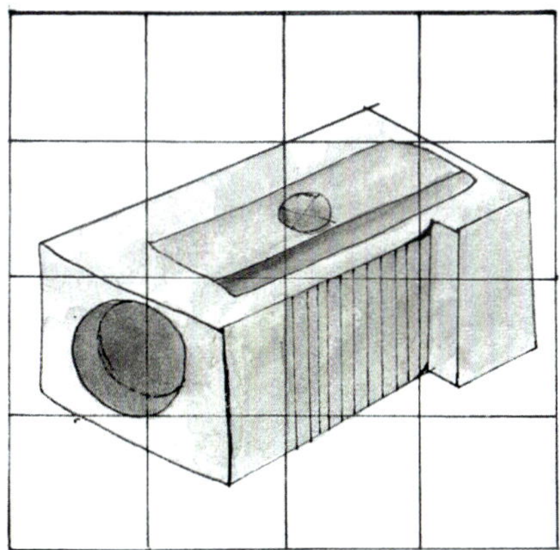

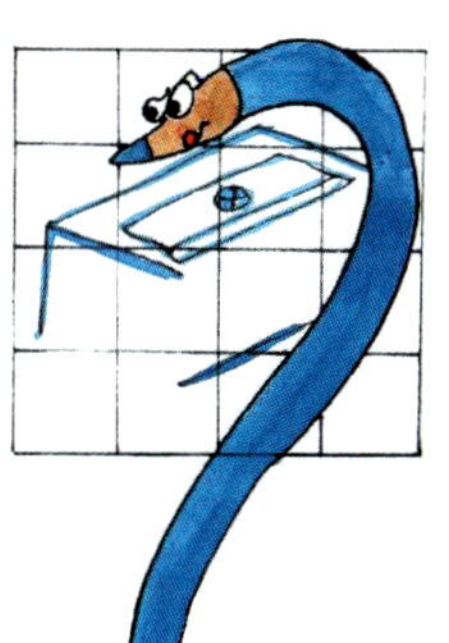

AUS KRITZELS KUNSTWERKSTATT: KOPIERVORLAGE RASTER

ABPAUSEN UND KOPIEREN

DEINE AUFGABE

Zugegeben – ein bisschen geschummelt ist es schon, wenn man ein Bild abpaust. Aber auch bei dieser Übung trainierst du deine Hand, und manchmal ist ein Motiv einfach so schön, dass man es genauso nochmal zeichnen möchte.

› Tipps von Kritzel

Es gibt viele Möglichkeiten, ein Bild abzupausen.

1. Du legst Transparentpapier über das Originalbild.
2. Du legst ein Blatt weißes Papier über das Originalbild und hältst es ans Fenster. Das Licht scheint durch beide Blätter und du kannst die Linien erkennen.
3. Du verwendest Kohlepapier. Dieses legt man zwischen das Original (oben) und das Zeichenpapier (unten). Die Linien drücken sich durch das Kohlepapier auf das Zeichenpapier durch.

› Lust auf mehr?

Falls du Lust hast, das Bild doch noch zu deinem Kunstwerk zu machen, experimentiere einfach mit der Farbgebung. Dabei werden vielleicht aus Omas braunen Haaren blaue Haare. Oder die gezeichnete Kuh ist nicht mehr schwarz-weiß, sondern gelb mit roten Tupfen.

› FOTOAUTOMATENZEICHNUNG ‹

DEINE AUFGABE

Kennst du Fotoautomaten? Nach einem Münzeinwurf setzt man sich in den Kasten vor die Kamera. Dann werden automatisch in schneller Abfolge vier Bilder hintereinander gemacht.

Überlege dir ein **einfaches** Motiv. Darauf sollte eine Person, eine Figur, ein Tier oder ein Fantasiewesen zu sehen sein. Zeichne nun vier ähnliche Bilder von dieser Figur, bei der sich immer nur eine Kleinigkeit (zum Beispiel der Gesichtsausdruck) verändert.

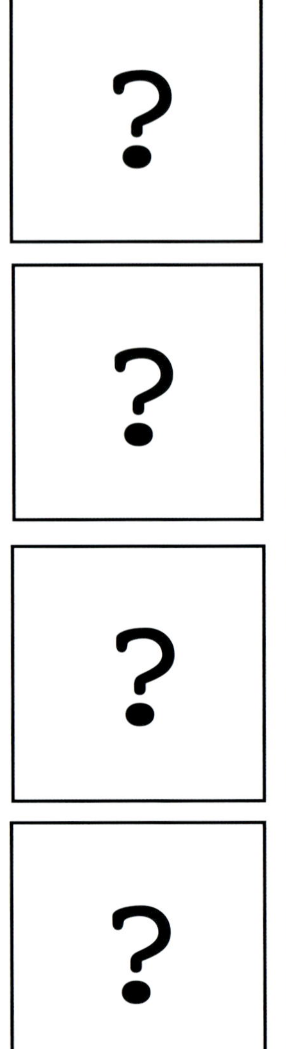

› Lust auf mehr?

Mache selbst ein paar lustige Fotoautomatenbilder oder Bilder mit einer Kamera (vielleicht mit Freunden) und zeichne diese ab.

› Aus Kritzels Kunstwerkstatt: